ODYSSÉUS PLASTOK

Guillaume ÉDÉ et Agnès SIGHICELLI

Éditions ART ET COMÉDIE
3, rue de Marivaux
75002 PARIS

*Nous dédions ce texte à tous les amoureux de la mer,
et parmi eux (ils se reconnaîtront) :
Boyan, Sylvie, Jacques-Yves, Youlia, le capitaine N.,
Annabel, Félix, Bob, Jorge, Lélé, Ora, Marie-Thérèse,
Coralie, Popeye, Mattéo, Noëmie, Pierre, Olive...
et Michel, fier lieutenant de la marine marchande...*

ODYSSÉUS PLASTOK
a été créé le 19 mars 2011 à Lilas en Scène

Une ÉPOPÉE PLASTIQUE jouée, chantée et manipulée
par Guillaume Édé et Agnès Sighicelli

Musique : Annabel de Courson (composition et interprétation)
en alternance avec Jorge Migoya
D'après l'œuvre plastique de Sylvie Decugis

Collaboration artistique et dramaturgie : Youlia Zimina
Costumes : Agnès Sighicelli
Lumières et son : Félix Gane
Scénographie et marionnettes : Sylvie Decugis

Odysséus Plastok, création de la compagnie Fleming Welt, a bénéficié de l'aide de l'Adami, de la SPEDIDAM, de la communauté de communes de Charenton Saint-Maurice et d'une résidence de création à Lilas en Scène et au Studio-Théâtre de Charenton. Elle s'est jouée plus de cent fois entre Paris, la province, le festival d'Avignon, celui du Grand Bornand, le Maroc et l'Algérie dans le cadre des instituts français. Lauréat du Trophée des associations EDF en 2013, lauréat du Prix Tournesol à Avignon en 2014, lauréat du Prix des Éditions du OFF en 2015, Odysséus Plastok continue sa route...

LES AUTEURS

Agnès Sighicelli est comédienne, chanteuse, metteur en scène, pédagogue et auteure. Formée à l'École Jacques Lecoq puis auprès d'Ariane Mnouchkine et de Didier-Georges Gabily entre autres, elle a joué et chanté sous la direction de nombreux metteurs en scène, dont Charlie Brozzoni, Omar Porras, François Bourcier… puis Éric Fauveau, Youlia Zimina et Christina Batmanguelidj au sein de la Compagnie Fleming Welt.
Responsable artistique de la Compagnie Fleming Welt depuis 2001, elle a créé avec Guillaume Édé et d'autres artistes 12 spectacles, alliant plusieurs disciplines : le théâtre (textes contemporains), le chant, la musique, la marionnette, le théâtre d'objets et la vidéo.
Outre *Odysséus Plastok*, Agnès Sighicelli a écrit *Fantôme de mes Jenny's*, monologue théâtral et musical qu'elle a joué en 2003 dans une mise en théâtre d'Esther André au festival Nous n'irons pas à Avignon à Vitry-sur-Seine, et coécrit avec Guillaume Édé et Youlia Zimina *Les Hommes sans gravité s'envoleront pour Mars*, créé en 2013 au théâtre du Val d'Osne à Saint-Maurice.

Guillaume Édé est comédien, chanteur, metteur en scène, pédagogue et auteur. Formé au Conservatoire de Marseille, il joue et chante sous la direction de nombreux metteurs en scène dont Jean-Claude Penchenat, Roland Topor, Jean-Louis Heckel, Jean-Pierre Miquel, Philippe Delaigue, Charlie Brozzoni, Johanny Bert, Olivier Bénézech… puis au sein de la Compagnie Fleming Welt avec Éric Fauveau, Youlia Zimina et Christina Batmanguelidj… Outre *Odysséus Plastok*, il a coécrit *Un Fol Envi* (1993) et *Les Hommes sans gravité s'envoleront pour Mars* (2013). En solo, il a écrit *Amours Plutoniques* créé au festival d'Avignon OFF 1988 (collège Saint-Jean-Baptiste-de-La-Salle), *Concerto en Yaka Majeur* représenté au Théâtre 14, au Studio-Théâtre de Charenton, aux théâtres du Marsoulan et de la Reine Blanche à Paris (2009-2010).

Invité par les E.A.T., il a lu des extraits de *Carniphobia* au Salon du Livre (2003).

En cours d'écriture : *Le Jardin des pierres*, représentation prévue au festival Le Printemps médiéval d'Hardelot (fin avril 2015) et *Les Secrez de Nature* pour la fondation Royaumont (octobre 2015).

Esquisse préparatoire au personnage d'Odysséus Plastok, par Sylvie Decugis.

AVANT-PROPOS

Chers lecteurs,

Il est vrai, nous nous sommes résolument positionnés dans cette histoire du point de vue des méduses… Elles ont pourtant la sale réputation de venir nous pourrir les vacances d'été et personne ne s'émouvra devant une méduse morte… À trois ou quatre reprises, nous nous sommes vu reprocher de donner une image négative de la tortue, alors que du point de vue narratif, elle apparaît comme le Grand méchant loup de nos contes pour enfants humains, un redoutable prédateur. Eh bien, nous avons décidé d'ouvrir en annexe de la pièce une tribune qui donnerait la parole à une tortue, une sorte de droit de réponse. Celle-ci, pacifiquement, a accepté de nous livrer une recette culinaire à base de méduses et nous l'en remercions…

AGNÈS SIGHICELLI ET GUILLAUME ÉDÉ

PERSONNAGES

(par ordre d'apparition)

RUSTINE, une fille d'une dizaine d'années

RUDY, un garçon d'une dizaine d'années

M. PLASTOK, personnage fait de deux sacs plastique noués l'un à l'autre, qui deviendra ODYSSÉUS PLASTOK, le champion des méduses

LA MÉDUSE-INSTITUTRICE, pédagogue des profondeurs

LES MÉDUSETTES, ses élèves

JAUNETTE et VIOLETTE, méduses adultes entre deux âges

MÉDUSA, la grande méduse bleue, chef du banc

LA GRANDE TORTUE, l'ennemie jurée des méduses

LES PLASTO-SIRÈNES, messagères du Grand Garbage

LE SERVITEUR PLASTIQUE, émissaire du Grand Garbage

LE GRAND GARBAGE, roi du continent de plastique flottant

LA MOUETTE MAZOUTÉE, victime de la marée noire

PÉTRA PÉTROLE, marée noire et mère de Plastok

LE SCIENTIFIQUE, père de Plastok

LA SPONGIA CRACRA, éponge sauvage affairée

LA STELLA LACRYMOSA, étoile de mer neurasthénique

LA COUR DU ROI PLASTOK :
        LE SAC ROUGE : sac polluant et rebelle
        LE SAC OXO : futur connétable du roi Plastok
        SEIGNEUR AMIDON : compagnon du roi Plastok

PÉNÉLOPE : future épouse du roi Plastok

1. Scène du goûter

Le décor est composé d'une grande voile bleue faite de sacs plastique cousus les uns aux autres qui pourra être hissée, d'une bâche plastique peinte en bleu qui pourra se dérouler au sol, et de grands paniers tressés amoncelés. Il évoque un endroit du bord de mer.
Deux enfants entrent en se poursuivant, chacun avec un sac plastique contenant son propre goûter.

RUDY. – Alors t'as quoi, toi ?

RUSTINE. – Un paquet de biscuits au chocolat, un autre de fourrés à la confiture… euh… une compote, un jus de raisin… euh… deux grosses boules de chewing-gum et un truc de nounours en chocolat. Et toi, t'as quoi ?

RUDY. – Moi j'ai… une pomme et… un yaourt !

RUSTINE. – Je t'aurais bien donné des gâteaux, mais ta mère, elle a dit que t'es trop gros… alors je t'en donne pas ! Régime et yaourt maigre !

RUDY, *étudiant son ventre*. – Gros… pas gros ! Gros pas gros, gros pas gros !…

RUSTINE. – Mais gros ! *(Il arrache le sac. Ils se poursuivent.)* Non ! Tu me rends mon sac ! Tu me rends ça ! Ah non, non, non, non ! Ça c'est pas mon goûter, ça ! Ho ! Tu prends mes gâteaux et tu déchires mon sac, ma mère elle dit que ces sacs ils peuvent durer quatre cents ans, eh ben là il est déjà fichu ! *(Elle a transvasé le contenu de son sac dans celui de Rudy et jette le sien, vide et inutilisable, au sol.)*

RUDY, *la bouche pleine*. – Boude pas, je vais te le réparer, ton sac. Tiens, regarde : je lui fais un nœud, comme ça il sera tout beau et il pourra resservir. Tiens ! Pour la Saint-Valentin !

> *Rudy lui tend le sac noué qui ressemble vaguement à une fleur : Rustine le jette à la poubelle, puis s'assoit. Rudy la rejoint et tente de piocher dans le sac restant.*

RUSTINE, *lui donnant le sac*. – Mais vas-y, prends tout ! Mange ! Comme ça tu seras encore plus gros ! *(Rudy acquiesce et fouille dans le sac. Il en sort un gâteau qu'il porte à sa bouche : à chaque fois qu'il s'apprête à le croquer, retentit alors un bruit étrange venu de la poubelle. Rustine est apeurée.)* Vas-y, allez, va voir !

RUDY, *apeuré*. – Pourquoi c'est toujours moi ?

RUSTINE. – Parce que toi, t'es un garçon, que t'es fort et que t'es courageux. *(Rudy se lève et va voir, encouragé par Rustine. Il plonge la tête dans la poubelle, la ressort l'air pénétré et fait signe à Rustine de le rejoindre. Un bonhomme fait de deux sacs plastique noués l'un à l'autre sort de la poubelle et vient se poser dans la main de Rustine puis de Rudy : jeu chorégraphique avec la marionnette, qui est sur le point de s'envoler loin des enfants.)* Attendez ! Ne partez pas ! *(Il revient. Elle le rajuste.)* Bon voyage, monsieur… monsieur…

RUDY. – Monsieur Sac en plastique ?

RUSTINE. – Mais non ! C'est nul, monsieur Sac en Plastique… Monsieur Plastok ! *(Rudy acquiesce.)* Au revoir, monsieur Plastok ! Bon voyage !

Le désormais monsieur Plastok est emporté par le vent et s'envole sur la chanson suivante :

Ho !
Il s'enfuit de la poubelle
Il s'envole à tire-d'aile
Toujours plus haut
Hisse et ho
Il vole si haut
Est-ce un oiseau ?
Un oiseau ?
Le vent le pousse plus loin
En route vers son destin
Jusque dans l'eau
Hisse et ho
Le vent l'emporte jusque dans l'eau
Sur les flots.

PLASTOK. – Plouf splash glou glou gagaga gueu gueu gueu brrrr mouillé j'ai froid gla gla gla gueu gueu…

Plastok a plongé dans les flots immenses, il coule à pic.

2. Scène entre les Médusettes et Plastok
La rencontre

Une méduse apparaît, suivie d'un banc de Médusettes. Plastok se cache. Les méduses chantent :

Sous cinq brasses d'eau, on dérive
Le courant nouveau nous pousse et nous tire
Il nous entraîne en farandole
Il nous entraîne en course folle
Au clair du Poisson-Lune, nous dansons la ronde
Tout autour du monde, et au gré des ondes
Au détour d'une vague
Un jour notre prince viendra.

Les méduses forment une ronde. Plastok, rassuré, fait irruption parmi elles en fredonnant la fin de leur chanson.

MÉDUSE-INSTITUTRICE. – Bonjour, mademoiselle ? monsieur ? Comment vous appelez-vous ?

PLASTOK. – Plas-s-t-ok.

MÉDUSETTES, *rigolant*. – Pouah ha ha ! Plastok !!! Mais ça n'existe pas Plastok, aucun poisson ne s'appelle Plastok, il dit n'importe quoi, taratata !

Méduse-Institutrice. – Je vous en prie, restez polies, mesdemoiselles. Vous n'allez pas prétendre que vous connaissez le nom de tous les poissons qui peuplent notre océan. Peut-être est-ce une toute nouvelle espèce ?

Médusettes. –
– En tout cas, il n'est pas comme nous.
– Il a un grand bavoir autour du cou.
– C'est parce qu'il ne sait pas manger proprement.
– C'est un bébé.

Plastok. – Je ne suis pas un bébé !

Médusettes. –
– Et regardez, il a un long nez !
– C'est parce qu'il a trop menti !
– Comme Pinocchio !

Plastok. – Menteuses vous-mêmes !

Médusettes. – Et en plus, il est ridicule, il n'a pas de tentacules !

Plastok. – Si, j'en ai : deux en haut, deux en bas, deux et deux font quatre !!! *(Il montre ses bras et ses jambes.)*

Médusettes. – Ah oui… mais tu n'as pas de filaments ! Regarde les nôtres, ils sont souples comme des fils de soie, et toi, tu les as pas ! Il est tout nu !!!

Méduse-Institutrice. – Mesdemoiselles ! Je vous en prie ! Vous allez me recopier soixante fois le mot : la « différence ». Maintenant, asseyez-vous et écoutez. Alors, racontez-nous : d'où venez-vous, Plastok ?

Plastok, *montrant son périple.* – Poubelle, pue, vent, chlouf-chlouf, chlouf, au revoir meuh cieux Plastok, hisse et ho, sur les flots, plouf splash, glouglouglou, gueugueugueu, mouillé, gla gla gla, j'ai… froid.

Les Médusettes rigolent.

Méduse-Institutrice. – On ne se moque pas des courageux voyageurs. Sinon, vous serez privées de dessert ! Je vous rappelle qu'aujourd'hui nous avons des chouquettes au crottin de crabe…

Médusettes, *très excitées, se forçant à se calmer.* – Oh oui ! Oh oui ! Mmmh ! J'adore ! Je me calme ! J'en veux ! Crottin ! Crabe !

Méduse-Institutrice. – Bon, êtes-vous sages ? *(Elles se rangent en disant « oui ».)* Alors : interrogation surprise !

Médusettes. – Oh !!!

Méduse-Institutrice. – Première question : est-ce que Plastok sait nager ?

Plastok. – Oui. *(Il fait une démonstration.)* Sur le ventre, sur le dos, sur le nez… *(Il se cogne le nez.)* Aïe !

Méduse-Institutrice, *marmonnant pendant la démonstration de natation.* – Voyons… tiens, tiens, tiens… quelques tentacules, mais pas de filaments… Peut-être n'ont-ils pas encore poussé… *(À haute voix.)* Ah ! j'ai compris ! Deuxième question : est-ce que Plastok nous ressemble ?

Plastok et Médusettes. – Oui, oui !

Méduse-Institutrice. – Mais bien plus que ça ! Plastok nous ressemble beaucoup ! Mesdemoiselles, je vous demande d'accueillir votre cousin, vraisemblablement un garçon-méduse trop jeune pour avoir des filaments. Bienvenue, mon garçon !

Une Médusette. – Un garçon !… Ah ! et je n'ai pas mon rose à lèvres !

Une autre Médusette. – Et moi, ma robe est déchirée !

Une autre Médusette. – Et moi, je suis tout ébouriffée !

Méduse-Institutrice. – Bon, je sais, c'est la première fois que vous voyez un garçon ; soyez gentilles avec lui. C'est l'heure de la récréation. Allez jouer ensemble. *(Elle sort.)*

Médusettes. – Allez, viens dans notre banc ! On va t'adopter ! On va jouer !!! *(Elles chantent.)*
> *À quoi peuvent jouer les méduses ?*
> *Peut-on deviner ce qui les amuse ?*
> *Pas la marelle ni l'élastique*
> *Pas chat perché ni gymnastique*
> *Le jeu qui les éclate, le jeu qui les botte, c'est :*
> *« Tortue, y es-tu ? Tortue, que fais-tu ? »*
> *Quand la tortue te touche, tu deviens « Tortue qui pue ».*

Plastok. – Mais c'est pas cache-cache, votre jeu, c'est touche-touche !

Médusettes. – Tu sais, Plastok, c'est un jeu dangereux parce que si la tortue t'attrape, elle te mange !

Plastok. – Ah oui ? Eh bien, je l'attends de tentacule ferme !

Tous reprennent la chanson.

Tous. – *Le jeu qui les éclate, le jeu qui les botte, c'est :*
> *« Tortue, y es-tu ? Tortue, que fais-tu ? »*
> *Quand la tortue te touche, tu deviens « Tortue qui pue ».*

PLASTOK. – Cachez-vous, les filles, je compte jusqu'à cinq…
(Au public.) Euh… les enfants, je débute en calcul, vous pouvez
m'aider, s'il vous plaît ? *(Il compte avec les enfants.)* Un, deux,
trois, quatre, cinq ! J'arrive !…

Plastok disparaît derrière la voile à la recherche des Médusettes.

3. Scène entre Jaunette (méduse jaune) et Violette (méduse violette) Le cauchemar prémonitoire

Ailleurs, dans l'océan… Jaunette se réveille, angoissée, elle a fait un cauchemar, elle cogne sa tête contre le panier pour faire partir ce mauvais rêve tandis que Violette accourt, alertée par le bruit.

JAUNETTE. – Aaaaaah ! Au secours ! *(Réveillée.)* Sors de ma tête, maudit cauchemar ! Il faut que tu sortes ! Tu vas sortir, oui ?

VIOLETTE. – Mais qu'as-tu donc à crier ainsi, Jaunette ?

JAUNETTE. – C'est toi, Violette ?

VIOLETTE. – Oui, c'est moi.

JAUNETTE. – J'ai fait un cauchemar prémonitoire ! Quelque chose m'attrapait et m'avalait toute crue. J'ai vu clairement l'arrivée de la Grande Tortue avec son bec grand ouvert…

VIOLETTE. – Ah ! Jaunette, toi et tes cauchemars… Ça te reprend ? Arrête ! Tu vas finir par nous porter la poisse.

JAUNETTE. – Aaaah ! Je la sens… Elle est là, tout près…

Les méduses se rapprochent dos à dos et se cognent. Elles crient.

VIOLETTE. – Ah! je commence à avoir peur, moi aussi! Si on aperçoit la Grande Tortue, c'est déjà trop tard et on est foutues!

JAUNETTE. – Il faut se cacher…

JAUNETTE et VIOLETTE. – Oui!

JAUNETTE. – Cachons-nous!

JAUNETTE et VIOLETTE. – Oui! Mais où? Mais où?

VIOLETTE. – Où? Je ne sais pas, moi! Allons réveiller Grande Médusa.

JAUNETTE. – Oui, oui… à cette heure-ci elle est soit sous le grand corail soit dans la vieille épave… Médusa? Médusa?

MÉDUSA, *faisant irruption.* – Oh!!! Vous m'avez réveillée! Taisez-vous! Est-il impossible de dormir en paix au fond de cet océan? Vous osez me déranger au milieu de ma sieste, moi qui vous protège toute la journée! Allez, pssss, disparaissez!!! *(Elles sortent.)* Toute cette agitation risque d'attirer la Grande Tortue… Bon, je vais faire le guet. *(Elle s'avance en avant-scène.)* Oh! je ne vois rien là… *(Elle écarte ses cheveux.)* Personne par ici, personne par là… Restons zen!

4. Scène de la Grande Tortue

La Grande Tortue apparaît brusquement, surprenant Médusa.

LA GRANDE TORTUE. – Restons zen !

Les deux adversaires se jaugent avant l'affrontement.

MÉDUSA. – Viens, démon ! Tu ne m'auras pas !

LA GRANDE TORTUE. – Ah oui ? *(Elle se précipite bec ouvert sur Médusa, qui esquive.)*

MÉDUSA. – Tortue de malheur, retourne d'où tu viens ! *Deuxième assaut, deuxième esquive.)*

LA GRANDE TORTUE. – Agadada, agadada, Tortue Ninja ! *(Elle est à deux doigts d'attraper Médusa, mais cette dernière a été plus agile et disparaît. La Grande Tortue, qui a beaucoup tourné sur elle-même au cours de la lutte, est désorientée.)* Où est-ce qu'elle est passée ? Répondez, les enfants…

PLASTOK, *surgissant de derrière la Grande Tortue.* – Les filles ?… Vous êtes bien cachées !

LA GRANDE TORTUE, *avec une petite voix pour imiter les Médusettes.* – Je suis là…

PLASTOK, *apercevant la Grande Tortue.* – Ah ! c'est toi la Grande Tortue !

LA GRANDE TORTUE. – Soi-même, en personne !

PLASTOK. – Tu ne me fais pas peur, je vais défendre ma tribu ! Tortue qui pue, tortue qui pue !

LA GRANDE TORTUE. – Tortue qui tue, oui !

Commence la bataille de Plastok avec la Grande Tortue, qui finit par l'attraper et l'avale tout cru. Elle rit triomphalement, mais bientôt le rire se transforme en toux suffocante : elle finit sur le dos sous les yeux de Rudy, désespéré. Rustine revient sur le plateau.

5. Scène de constatation des dégâts par les enfants

RUSTINE. – Elle est morte ? La pauvre !

RUDY. – C'est peut-être pas trop tard ! Accroche-toi, ma vieille…

Les enfants essayent de sauver la Grande Tortue avec respiration artificielle et « bouche à bec », rien n'y fait.

RUSTINE. – Et Plastok, il est où ?

RUDY. – Dans son ventre ?

Ils ouvrent le ventre de la Grande Tortue. L'odeur est putride.

RUSTINE. – C'est incroyable tout ce qu'une tortue peut avaler ! La pauvre ! *(Elle sort de la Grande Tortue une brosse à dents.)* Regarde ça, Rudy ! Alors le type il se balade sur son petit yacht en pleine mer sous un soleil d'azur et de bon matin il se brosse les dents… *(Elle le mime.)*… et quand il a fini… *(Elle crache.)*… il jette sa brosse à dents dans la mer comme si c'était la poubelle !

RUDY, *sortant de la Grande Tortue un gant à vaisselle*. – Ah oui ! Et le bateau, lui, faut qu'il soit propre, alors on astique, on astique, on astique, et après qu'est-ce qu'on fait du gant en plastique ? On le jette à la mer !

RUSTINE. – Oh ! regarde ! *(Elle sort de la Grande Tortue une bouteille de soda en plastique aplatie.)*

RUDY. – Coca-Cola, c'est ça !!!

RUSTINE, *jetant la bouteille derrière elle*. – À la mer !

RUDY, *sortant de la Grande Tortue une cuillère en plastique à long manche et un pot de yaourt*. – Ah oui ! Et ça, regarde… *(Il les jette.)* Tong ! Dans la mer !

RUSTINE. – Oh ! Rudy, regarde ! *(Elle sort une vieille tong déchirée.)* Dans la mer !

RUDY, *sortant de la Grande Tortue un jouet d'enfant qui fait « pouet pouet » et qui ressemble à une méduse rose*. – Regarde, Rustine : même les méduses sont en plastique ! *(Il s'interrompt.)* Oh non !!!

Tout au fond de la Grande Tortue, ils trouvent Plastok sans signe de vie. Ils le manipulent précautionneusement. Rustine pleure à chaudes larmes.

RUSTINE. – Rudy, il faut que tu dises quelque chose…

RUDY. – Oui, oui, euh… pauvre tortue, tout ce plastique te tue… *(Rustine l'interrompt, faisant signe à Rudy qu'il doit s'adresser à Plastok.)* Plastok, tu as été un bon sac plastique, tu as transporté nos goûters comme il le fallait… Et puis, tu as voulu faire un grand voyage, comme on dit : une « Odyssée », voir le vaste monde… D'abord le ciel, où tu t'es envolé comme un oiseau, et puis les flots immenses où tu as plongé de tout là-haut, d'un coup sans hésiter… Et là, tout au fond, les méduses t'ont accepté tel que tu étais.

RUSTINE. – Oui, elles t'aimaient bien, les méduses, elles t'ont trouvé gentil, elles étaient contentes !

RUDY. – Alors quand la tortue a attaqué ta tribu, ton sang n'a fait qu'un tour : tu t'es dressé en travers de son chemin, courageux Plastok. Tu as donné ta vie pour sauver les autres, tu as remporté la victoire, et la tortue est morte. Tu es resté en travers de sa gorge. C'est donc à titre euh… costume…

RUSTINE. – À titre quoi ?

RUDY. – C'est comme ça qu'on dit quand on est mort, enfin je crois… euh… donc c'est à ce titre que nous te nommons Odysséus, en hommage à Ulysse, héros grec qui, lui aussi, autrefois a vaincu beaucoup plus grand et plus fort que lui. Nous te nommons donc…

RUSTINE. – … à titre costume…

RUDY. – … à titre costume…

RUSTINE. – … « Odysséus Plastok le Victorieux » !

RUDY. – … « Odysséus Plastok le Victorieux », le champion des méduses !

Ils lui rendent les derniers hommages, le reposent délicatement dans la Grande Tortue puis s'en vont d'un pas militaire. Un bruit étrange qui provient de la Grande Tortue les arrête net.

RUDY. – Vas-y, Rustine.

RUSTINE. – Pourquoi moi ?

RUDY. – Parce que t'es une fille, que t'es forte et que t'es courageuse…

Courageuse, Rustine plonge à nouveau la tête la première à l'intérieur de la Grande Tortue et en ressort Plastok. C'est lui qui était à l'origine du bruit : il respire à grand-peine, mais revient doucement à la vie tout en découvrant son nouveau corps.

6. Scène de renaissance de Plastok

PLASTOK. – Je suis vivant !… J'ai un bras… un corps tout musclé… *(Il saute en l'air et regarde à droite et à gauche.)* J'ai deux jambes !!! Mais où je suis ?… Oh ! la tortue ! Elle est morte ?! J'ai gagné ! Ounga ! *(Il chante.)*

La vie c'est « manger ou bien être mangé »
Moi j'ai jamais faim, je me sens pas concerné
La vie c'est « venger ou bien être vengé »
Qu'on m'appelle Odysséus !
Le champion des méduses !
Celui qui a pourfendu la tortue qui pue
Oumba, oumba, oumba, oumba belouga ounga
La tortue qui pue, la tortue qui pue
J'ai un filament qui vient de me pousser
Regardez : mon corps est absolument parfait !
Je vais retrouver ma tribu bien-aimée
La douceur des filaments
De ma chère maman
Hourra de toutes les méduses je serai roi
Oumba, oumba, oumba, oumba belouga ounga
Oui je serai roi, oui je serai roi.

7. Scène de la tempête et du naufrage

PLASTOK, *juché sur un bout de la carapace de la Grande Tortue dont il s'est fait un radeau.* – La barre à tribord !… La barre à bâbord !… En avant tououououte ! *(Il imite la sirène d'un bateau. La mer commence à s'agiter.)* Houla, la houle là, la houle là, la houle là ! *(Il rit.)* Houla le vent se lève : force un, force deux, force trois, quatre, cinq, six, sept, force huit mille neuf cent quatre-vingt-seize, houououou… *(Il rit.)* Hi ! hi ! hi !… Ah ? Ça se calme, on dirait… *(Il reprend son souffle.)* En avant toute ! *(Il ne parvient pas à avancer.)* En avant rien du tout, oui !… Je… suis… enlisé… Aaah !

> *Il se retrouve englué dans une espèce de poubelle flottante : il reste immobilisé sur son radeau.*
> *Les enfants reviennent sur le plateau, chacun pris dans une résille de plastique couverte de sacs plastique déchirés.*

RUDY, *se débattant avec ses bouts de plastique.* – Mais c'est quoi, cet endroit ?

RUSTINE, *même jeu.* – C'est pourri et ça pue.

RUDY. – On dirait une grande poubelle qui flotte…

RUSTINE. – Je sais ce que c'est : ça ressemble au Great Garbage Pacific Patch !

RUDY. – Le grand gars belge pacifique qui se fâche ?

RUSTINE. – Le septième continent, quoi ! « Garbage » ça veut dire « poubelle » en anglais !

RUDY. – Eh ben, dis donc, tu sais plein de trucs, toi !

RUSTINE. – Ouais ! Et elle flotte au milieu des mers et des océans : ça fait comme une île…

RUDY, *soudainement apeuré*. – Et… euh… c'est une île déserte ?

RUSTINE, *même jeu*. – Je sais pas…

RUDY. – Ben tu sais rien, toi, alors !

RUSTINE. – Non !

RUDY. – Bon, je vais aller voir… Ho ! ho !… Y a quelqu'un ? *(Il disparaît derrière la voile.)*

RUSTINE. – Hou ! hou ! Rudy !… Rudy, ne me laisse pas seule !… Rudy, t'es où ? *(Elle disparaît à son tour derrière la voile.)*

8. Scène du Grand Garbage

Par-dessus la voile, une étrange créature de trois mètres de haut passe sa tête faite d'un jerricane lumineux aux longs cheveux, suivie de sa consœur : ce sont les Plasto-Sirènes... Toutes de noir vêtues, elles viennent en murmurant un chant hypnotique jusque sur le devant de la scène dans un ballet lent et harmonieux.

LES PLASTO-SIRÈNES. – *Plastok, écoute-moi, écoute-nous*
Tu n'es pas une méduse
Tu es un sac plastique
Tu as beaucoup de chance
Tu es surnaturel
Tu vas vivre quatre cents ans
Tu es indestructible
Te voilà arrivé au paradis
Tourne avec nous
Joue avec nous
Au Grand Manège
Du Grand Garbage
Notre territoire grandit, grandit...

*Les Plasto-Sirènes se rassemblent comme en un castelet :
une marionnette, le Serviteur Plastique, surgit de derrière et
va progressivement évoluer devant les Plasto-Sirènes...*

LE SERVITEUR PLASTIQUE. – Place au plastique !
Toc !
Plastique a pris la place-Toc !
Plas-tok
On prend toute la place-Toc !
Tac Tic
Le Monde appartient au plastique
Tic Tac
L'affaire est dans le sac !
Tac Tic
Dans le sac en pastique
Dans les poissons ? Du plastique !
Dans le plancton ? Du plastique !
Flic flotte
Ne fais rien, fais la planche, flotte !...
(Il brise le castelet.) Sa Majesté, le Grand Garbage !

*Une créature imposante naît sous les yeux du public, avec
une tête en jerricane rouge et des lambeaux de plastique
fondu : c'est le Grand Garbage. Il semble surgi de nulle part,
il grandit et tournoie lentement sur lui-même tout en s'adressant
à Plastok.*

LE GRAND GARBAGE. – Plastok, bienvenue dans mon
royaume flottant, tu es ici chez toi...
Fais ce qu'il te plaît
Prends le soleil

Fais la planche
Tu danseras au gré des courants
Tu tourneras avec nous lentement.

> *Le Grand Garbage continue de tourner majestueusement sur lui-même dans une spirale lente et mortifère.*

LE SERVITEUR PLASTIQUE. –
Oublie les méduses, oublie l'école
Il faut que tu t'amuses, que tu rigoles
Joli petit plastique rose !
Et que tu te reposes…
Que tu te dé-com-poses ! *(Il fond et se dissout.)*

LE GRAND GARBAGE. – Que tu te dé-com-poses… Argh !
(Lui aussi fond et se dissout.)

9. Scène du bronzage

Le Serviteur Plastique et le Grand Garbage s'éclipsent pour laisser place au manège du Garbage : un parapluie où sont accrochés entre autres des plastiques en décomposition et quelques poupées estropiées.

PLASTOK, *répétant pour lui-même.* – Fais-la-plan-che… Dé-com-po-se… Finalement, ça n'a pas l'air si difficile : ça ressemble à des vacances ! Au soleil, en plus !… *(Aux poupées.)* Alors, mesdemoiselles, on bronze ?… Pas de réponse, elles n'ont pas l'air d'avoir beaucoup de conversation, ce n'est pas comme avec les Médusettes, j'arrivais pas à en placer une avec elles… *(Il marche sur les poupées.)* Pardon, pardon, pardon… Ah ! une place au soleil !… *(Il prend place sur le manège et le parapluie se met à tourner.)* Hi ! hi ! hi ! Waouh ! *(Un temps, le parapluie tourne toujours.)* Boh oh… il fait chaud… Oh… je sens que je fonds… Mon corps si musclé devient… tout mou et… tout flasque… Je sens que… je me décompose… en tout petits morceaux ?… Mais alors… les poissons vont m'avaler ? Ils vont… s'étouffer avec moi ? Non, non ! Je ne m'endormirai pas sous votre soleil de malheur, je n'empoisonnerai personne, vous m'entendez ? Personne ! Je veux nager, vous entendez ? Nager !… Il faut que je m'arrache, je veux nager, nager !…

10. Scène du rangement

Rustine arrache Plastok du parapluie-manège et le fait nager jusqu'au « rocher », figuré par une malle.

PLASTOK. – Sauvé !

RUSTINE. – Tu as vu, Rudy ? C'est dangereux ce Grand Garbage : Plastok, il a failli y passer ! C'est poisseux !

RUDY – Et ça n'arrête pas de grandir ! *(À Rustine.)* Et pourquoi les pays tout autour ils ne font rien pour nettoyer tout ce Grand Garbage ?

RUSTINE. – Parce qu'ils se disputent tout le temps ! Tous les pays disent que c'est aux autres pays de nettoyer !… Allez-y, monsieur : c'est à vous !

RUDY. – Pourquoi c'est à moi ?

RUSTINE. – C'est votre tour…

RUDY. – Comment ça, c'est mon tour ? La dernière fois, vous n'avez rien fait : c'est toujours aussi dégoûtant !

RUSTINE. – Comment ça, dégoûtant ? Allez-y, faites mieux : c'est à vous, c'est à vous, c'est à vous !!!

Pendant ce dialogue, ils ont essayé de se « refiler le bébé ». Finalement, Rudy croule sous tous les déchets de plastique que Rustine a réussi à lui mettre sur les bras.

RUDY. – C'est bon, Rustine, j'ai compris : c'est comme nous, quand on se dispute pour ranger !

RUSTINE. – Mais ça c'est normal, c'est parce que c'est toujours moi qui range !

RUDY. – Cette fois, Rustine, on va s'entendre, on va nettoyer tout ça tous les deux !

RUSTINE. – Tous les deux ?

RUDY. – Tous les deux !

RUSTINE. – Alors d'accord ! Un, deux, trois… partez !

Les enfants se sont entendus et ont fait du beau travail, car le plateau est totalement rangé et la voile est totalement hissée : Plastok se retrouve dans une mer à nouveau bleue et propre.

11. Scène de la chute du haut du rocher

PLASTOK, *reprenant ses esprits.* – Oh ! c'est tout propre !…
J'ai réussi ! J'ai échappé au Grand Garbage ! *(Il chante.)*
Le Garbage a dit de me laisser bronzer
Moi j'ai pas voulu c'était pour empoisonner
Le Garbage a dit : Tu es surnaturel
Tu vas vivre très longtemps
Jusqu'à quatre cents ans
Moi, du haut de ce rocher,
Je vais vérifier
Oumba, oumba, oumba, oumba
Belouga ounga
Du haut du rocher
Je vais vérifier
Du haut du rocher… (Il hésite.)
Je vais me jeter !!!
(Il fait un saut impressionnant qui se finit la tête la première contre la surface de l'eau. Il reste un temps dans un râle de suffocation, puis se relève d'un coup, triomphant.)

Ah ! même pas mal ! Je suis invulnérable, je vais vivre quatre cents ans ! *(Il regarde autour de lui.)* Oui, mais tout seul, tout seul !

Une mouette arrive et tombe à l'eau, mazoutée à mort…

12. Scène de Pétra Pétrole

Arrive Pétra, toute de noir vêtue, avec une traîne gigantesque et en guise de crinoline une chambre à air « king-size ». Elle porte sur la tête une coiffe noire arborant un coquillage jaune.

PÉTRA PÉTROLE. – Comme cela m'est agréable de me répandre dans ce bleu immaculé, sous ce soleil de plomb, d'étouffer sous mes voiles noirs les coraux rouges, les poissons argentés et les mouettes rieuses… Tout ce que je touche s'éteint et meurt. *(Elle voit la mouette au sol et la ramasse.)* Oh ! je voulais pas !… *(Elle voit Plastok.)* Mais qui vois-je ? Mon fils !!! Viens, que je t'embrasse !

PLASTOK. – Bonjour euh… madame ?

PÉTRA PÉTROLE, *indignée*. – Chut !… Mademoiselle ! Tu ne me reconnais pas ? M'enfin ! On ne t'a pas parlé de moi ? Allons, allons !… Ta mère : Pétra Pétrole ! *(Elle lui lance sa traîne.)*

PLASTOK. – Euh… non, désolé… *(Il s'aventure sur la robe de Pétra.)* Bien que l'odeur me rappelle vaguement quelque chose…

PÉTRA PÉTROLE. – Eh bien, c'est l'odeur du pouvoir… de mon pouvoir énorme !!! Car depuis plus d'un siècle, c'est moi qui fais la pluie et le beau temps de l'économie mondiale ! Je suis la star universelle des moyens de locomotion !

PLASTOK. – Ça tombe bien, j'ai justement besoin d'un bateau ! Je veux partir !!!

PÉTRA PÉTROLE. – Partir ? Mais on vient à peine de se retrouver et tu veux déjà me quitter ? *(Elle chante.)*

Oui, mon petit polymère

Je suis ta mère jolie

Tu vois, je me désespère

Perdue sur la mer jolie

Et c'est en vain que je flotte

Que je flotte entre deux eaux

La vie n'est pas rigolote

De loin s'en faut

La vie n'est pas rigolote

Loin de mon bateau.

Tu sais que si tu quittes maman, maman ne va pas être contente, et quand maman pète un câble… *(Elle fait mine de percer sa chambre à air.)*… maman se répand en catastrophe planétaire !!!

PLASTOK, *énervé.* – Vous, ma maman ? Mais alors, pourquoi vous êtes visqueuse et noire et moi je suis tout lisse et tout rose ? Et en plus, vous sentez vraiment pas bon !

PÉTRA PÉTROLE, *chantant.* – Dis, mon petit polymère

Tu es un vrai polisson

Quand on s'adresse à sa mère

On adopte un autre ton

Mais ne prends pas de thon rouge
Il est en voie d'extinction
Mais ne prends pas de thon rouge
Fais attention
Mais ne prends pas de thon rouge
De la distinction !...

PLASTOK. – Maman, maman, le thon, c'est du poisson ? Je sais qui c'est qui a fait le coup : c'est le Grand Garbage, il a tout mangé !

PÉTRA PÉTROLE. – Mais non ! Le Grand Garbage ne mange pas !

PLASTOK. – Il ne mange pas ?

PÉTRA PÉTROLE. – Toi non plus tu ne manges pas !

PLASTOK. – Non, c'est vrai, je ne mange pas.

PÉTRA PÉTROLE. – Et moi non plus je ne mange pas !

PLASTOK. – Ah bon ? Vous ne mangez pas ?

PÉTRA PÉTROLE. – Non, je vis sur mes réserves ! *(Regard au public.)* C'est l'homme qui mange du poisson et encore et encore du poisson, et qui vide les océans… *(Retour sur Plastok, tendrement.)*… mon petit Polymère !

PLASTOK, *ému*. – « Mon petit Polymère » ? *(Il chante.)*
Demanderais-je à ma mère
Ce que peut être un poly
Que peut être un polymère
Tout en restant très poli ?

Pétra Pétrole, *chantant.* – *Un petit bout de moi-même*
Qu'on copie à l'infini
Un petit bout de moi-même
Mon enfant chéri
Un petit bout de moi-même
Qu'on copie à l'infini.

Plastok. – Ah bon ? Et pour moi, c'est quel bout qu'on a copié, maman ?

Pétra Pétrole. – Oh ! toi ! Tu es le plus beau ! Toi c'est l'éthylène qu'on m'a pris et qu'on a copié : tu es un morceau de polyéthylène ! Comme tu as belle allure, mon petit polyéthylène ! Oh ! mais quand tu me regardes comme ça, tu ressembles à ton père !!!

Plastok. – Mon père ? Vous avez dit mon père ?

Pétra Pétrole. – Oui ! Ton père… Argh, ton père ! Le Scientifique, ce n'est qu'un homme : « homo sapiens sapiens ». Il a fait de moi ce qu'il a voulu ! Il m'a contenue dans des tuyaux, enfermée dans des oléoducs… Pour lui, je suis passée par tous les états : liquide, solide et vapeur… *(Elle tombe au sol, puis se relève non sans peine, par à-coups.)* Cependant, les hommes ne peuvent plus se passer de moi ! Sans moi, plus de confort !… *(Elle remonte.)* Je suis LA Pétra Pétrole ! L'huile de roche, l'or noir, la reine irremplaçable !… Pétra Ben Mazout Del Maréenoire Della Galettedefioul ! *(Elle tousse longuement.)* Mes ressources s'épuisent, je suis au bout du rouleau… Mon fils, prends la mer…

Plastok, *prenant littéralement la mer concrétisée par la bâche bleue.* – Oui, maman ! Je prends la mer… Ouh là là ! C'est vachement lourd…

Pétra Pétrole. – Va trouver ton père et dis-lui que s'il continue à me pomper avec une telle frénésie, il court à la catastrophe ! *(Elle chante.)*

Il faut que tu dises
À ton papa que je m'épuise
Qu'il arrête les forages
Ça me met en rage
Nage !

Il faut que tu dises
À ton papa que je m'épuise
Et que ses plates-formes
Ne flattent pas mes formes
Nage ! rage ! rage !!!
Ô rage, ô désespoir, ô vieillesse ennemie,
N'ai-je donc tant vécu que pour cette infamie ?

(Elle sort en riant et pleurant à la fois.)

13. Scène du Scientifique

Changement d'espace : un rivage du bord de mer avec un scientifique sur le terrain qui accueille un groupe d'enfants venus nettoyer la plage.

LE SCIENTIFIQUE. – Bonjour, les enfants… Ah ! je vois que vous êtes nombreux à avoir répondu à l'appel de notre opération Paris Plage Propre ! Très bien… Puisqu'il est question de nettoyage, laissez-moi vous présenter quelques auxiliaires animales inconnues que je viens tout juste de découvrir et en qui je mets beaucoup d'espoir. Tout d'abord, cette petite cousine de notre éponge domestique : la Spongia Cracra. *(Sur son avant-bras apparaît une créature constituée d'une éponge et d'une nettoyette à franges avec deux balles de ping-pong en guise d'yeux.)* Elle s'attache à ce qu'elle détache… Elle ne lâche son support que quand tout est absolument propre… *(Elle lui saute dessus.)* Ah non ! Lâche-moi, Spongia, je t'en prie, j'ai pris une douche la semaine dernière… Couchée !!! *(Après une lutte acharnée, il remet l'animal dans sa cage et remet de l'ordre dans sa tenue.)* Voyez un peu : quelle nettoyeuse ! Espèce suivante : vous connaissez la vertu désinfectante de certaines larmes ? La célèbre Stella Lacrymosa est une étoile de mer qui nous vient tout droit d'Italie. C'est un modèle de lucidité : chaque fois qu'elle se regarde dans un miroir, elle fond en larmes en constatant sa laideur…

LA STELLA LACRYMOSA. – *Io non sono una spongia cracra*
Io sono una stella lacrymosa
Quand je me vois dans un miroir
Je pleure de désespoir.

PLASTOK, *surgissant dans le dos du Scientifique.* – Dis donc, tu chantes bien !

Le Scientifique salue machinalement, se retourne vivement, mais ne voit rien. Il repose Stella dans son seau et reprend alors son exposé, troublé.

LE SCIENTIFIQUE. – Terminons enfin notre exposé en évoquant la méduse rose proliférante qui, elle, occupe abusivement la niche écologique d'espèces bien plus évoluées et intéressantes pour le scientifique que je suis…

PLASTOK. – Scientifique ? Papa ! J'suis pas une méduse ! *(Le Scientifique est stupéfait.)* Oui ! Papa ! Tu es bien le Scientifique ? Alors t'es mon papa, c'est maman qui l'a dit !

LE SCIENTIFIQUE, *au public.* – Je crois que je suis en train de parler avec un sac plastique ! Je vais me pincer… Aïe ! *(Il se rapproche de Plastok.)* Papa, dis-tu… Ton père ? Mais qui est ta maman ?

PLASTOK – Pétra Ben Mazout Del Maréenoire Della…

LE SCIENTIFIQUE et PLASTOK. – … Galettedefioul !!!

Le Scientifique s'effondre, ses jambes ne supportent plus le poids de sa culpabilité.

PLASTOK. – Tu vois que tu la connais ! Elle m'a dit qu'y faudrait que t'arrêtes de la pomper parce que ça la gonfle ! Elle est malade, elle en peut plus ; bref, on court à la catastrophe… Et en plus, elle sent pas bon !

LE SCIENTIFIQUE, *sortant soudainement de sa stupeur.* – Elle sent pas bon ? Mais alors dis-moi, tu arrives à sentir quelque chose avec cet appendice nasal ? Intéressant… *(Il va chercher une épuisette et invite Plastok à grimper dedans.)* Poursuivons notre examen, veux-tu ? *(Plastok acquiesce.)* Et quand j'appuie là, ça fait quoi ?

PLASTOK. – Aïeu !!!

LE SCIENTIFIQUE. – Et là ?

PLASTOK. – Ha ! ha ! ha ! Hi ! hi ! hi !

LE SCIENTIFIQUE. – Passionnant !… Tu as deux bras : excellent… Ah ! tu es un bipède !

PLASTOK. – Bipède, ça veut dire quoi ?

LE SCIENTIFIQUE. – Ça veut dire que tu as deux pieds… Comme moi !

PLASTOK. – D'accord ! Alors, écoute-moi bien : je suis un bipède qui s'appelle Odysséus Plastok le Victorieux. Avant d'arriver à toi, papa, j'ai traversé les mers et les océans, j'ai vu le Grand Garbage…

LE SCIENTIFIQUE, *s'attendrissant chaque fois que Plastok dit « papa ».* – Le septième continent ! Tu y es allé ?

PLASTOK. – Ben ouais, et j'suis rev'nu ! Et si tu voyais ça, papa, il prend de plus en plus de place ! C'est sale, papa, ça ne te dérange pas, papa ? Papa, tu peux faire quelque chose ?

LE SCIENTIFIQUE. – Tout le monde peut faire quelque chose. *(Il esquisse un geste de tendresse envers son fils.)* Le plastique, nous l'utilisons ; le jeter…

PLASTOK. – Pas question !

LE SCIENTIFIQUE. – Réparer…

PLASTOK. – Oui !!!

LE SCIENTIFIQUE. – Gaspiller…

PLASTOK. – Non !!!

LE SCIENTIFIQUE. – Face à la pollution…

PLASTOK. – … faut trouver des solutions !

Ils se grattent tous les deux la tête et on peut voir qu'il y a effectivement une ressemblance entre eux.

LE SCIENTIFIQUE, *son regard se pose sur son fils, il a une illumination.* – Et j'en vois une !!! Toi, le grand voyageur, je te fais roi du sac plastique ! Je pose sur ta tête cette couronne !… Sois un roi polyéthylène juste, éclairé et éclairant ! Règne, Plastok ! Et ne me déçois pas !

Le Scientifique sort.

14. Scène de la cour du roi Plastok

PLASTOK. – Oh ! la vache ! Je suis roi ! Là ?… Comme ça ? Tout de suite ? Mais qu'est-ce que je pourrais bien faire ? Ah oui : holà, un trône ! *(Un trône arrive, sur lequel Plastok couronné va pouvoir commencer l'inventaire de ses sujets. Ils sont constitués de sacs plastique fixés sur des cintres.)* Je vais organiser un défilé des sujets plastiques de ma cour ! *(La cour arrive dans un cortège fleuri. C'est le dessus du panier, dont vont sortir un à un les courtisans à l'appel de leur numéro.)* Sujet numéro un ? *(Le sujet arrive : c'est un sac en polyéthylène rouge avec une marque de supermarché très connue.)* Ah ! vous ! Vous osez vous présenter devant moi ? C'est vous qui empoisonnez les mers, les arbres ! Vous ne disparaissez jamais ! On vous chasse et vous revenez au galop…

LE SAC ROUGE. – Mais je suis très utile, je suis costaud, j'ai de jolies couleurs, Majesté, regardez comme je suis beau, je suis fashion et j'ai d'la marque ! *(Au public.)* Mais je vous reconnais, vous ! C'est vous que j'ai vu l'autre jour au magasin : vous aviez pas besoin mais vous m'avez pris quand même, hein ? Mais j'ai des preuves compromettantes sur vous ! *(À Plastok.)* Et sur vous aussi, Majesté !

PLASTOK. – Non, vous êtes la honte de ma cour ! Hop ! en prison ! Euh… je veux dire à la poubelle !

Plastok souffle sur le Sac Rouge qui tente de résister.

Le Sac Rouge. – Ça ne se passera pas comme ça… Je me plaindrai à mon avocat ! Aaaaah ! *(Il disparaît dans la poubelle.)*

Plastok. – C'est là leur place !… Sujet numéro deux !

Arrive le Sax Oxo, qui est oxodégradable (dégradable par l'oxygène de l'air).

Le Sac Oxo. – Me voici, Sire : je suis le sac recyclable véritable, oxodégradable, ahblablablable, je ne pollue jamais ! Puis-je être votre aide-comptable ? votre connétable ? Ahblablablable ?

Plastok – Soit ! Tu m'es indispensable… able. Viens donc à ma table, nous mangerons du râble et du sirop d'érable ablablable.

Le Sac Oxo. – Formidable, vénérable inégalable. Et euh… vous m'achèterez un portable ? Ahblablable ?

Plastok. – On verra… si tu es aimable ! Prends place ! Si tous mes sujets pouvaient être comme toi… aussi affables, serviables et surtout biodégradables !

Le Sac Oxo est installé au pied du roi Plastok.

Plastok. – Sujet numéro trois !

Arrive en chantant le sac n° 3, fait en amidon de pomme de terre.

Seigneur Amidon, *chantant.* – J'ai un joli bidon, doudou
J'ai un joli bidon, amidon…

Plastok, *amusé.* – Holà ! D'où viens-tu, étranger, et qui es-tu ?

Seigneur Amidon. – Je suis un polymère naturel.

Plastok. – Ça existe, ça ?

Seigneur Amidon. – Oui, Majesté ! Et ma mère est une patate… qui a… la patate !… *(Il rechante.)*

Plastok. – Tu m'as l'air bien gai…

Seigneur Amidon. – Ben oui, la vie est courte : il faut s'amuser !

Plastok. – Courte, dis-tu ? Quelle espérance de vie ?

Seigneur Amidon. – Deux, trois mois, Majesté.

Plastok. – Et quel est ton nom ?

Seigneur Amidon. – Amidon, Sire… Seigneur Amidon de la Fécule de Pommedeterréhou de Maïs.

Plastok. – Tu es mon ami, donc, Amidon ! *(Ils rient.)* Tu m'amuses, Amidon. Reste à mes côtés.

Seigneur Amidon. – Ah ! oui, Sire, mais il ne faudra pas s'attacher, je partirai bien avant vous ! Encore une fois, je suis naturel !

Plastok. – Comme je t'envie, compagnon, et ton bidon est doux, mon amidon !… Je te mettrai au compost dans mon jardin royal. *(Amidon est lui aussi installé au pied de Plastok.)* C'est là ton poste : au compost !… Sujet numéro quatre ! *(Sort alors du panier fleuri une princesse magnifique, faite de sacs pastique, tricotée avec des aiguilles à crochet.)* Hooo ! Approche, mon enfant… *(Elle s'incline.)* Non ! Pas de révérence : c'est le roi qui s'incline devant tant de beauté… Qui es-tu ?

PÉNÉLOPE. – Je suis faite de plastique comme vous, Majesté, mais je ne suis pas jetable, voyez-vous, qui voudrait me jeter ? Des mains humaines ont décidé de me faire jolie, de me tricoter un autre destin. Des sacs plastique de toutes les couleurs composent mon tissage, les couleurs du temps, les couleurs du monde. Je suis pour ainsi dire un objet d'art…

PLASTOK. – Quel est ton nom ?

PÉNÉLOPE. – Pénélope, Sire…

PLASTOK. – Eh bien, Pénélope, épouse-moi ! Je n'aimerai que toi, sois ma reine éclairée et éclairante… Accomplissons ensemble notre royale mission, allons redire au monde entier qu'il ne faut pas nous jeter dans la nature, mais bien plutôt nous faire une place de choix dans la vie des hommes…

Retentit une marche nuptiale. Rustine et Rudy rapportent les marionnettes sur leur cœur.

RUDY et RUSTINE, *au public*. – Ils se marièrent et… adoptèrent beaucoup de petits sachets… en papier !

FIN

UN SOMMET CULINAIRE : LA SOUPE DE NEIGE

Avant de vous faire l'article
Laissez-moi chausser mes bésicles
Car trop souvent mes yeux s'abusent :
Je confonds plastique et méduses

Je les préfère crues, c'est vrai
Comme les fruits, à même l'arbre
Mais vous, humains, les trouverez
Prêtes à manger, sous emballage

À mon tour de vous mettre en garde
N'avalez pas le contenant :
Du plastique non dégradable
Ça vous étouffe en un instant!…

Et sachez-le, dans un sachet
La méduse est déshydratée
Il convient de laisser tremper
Avant que de l'accommoder

Arrêtons-nous sur les vertus
De cet objet de gourmandise
Que constituent pour nous, tortues,
Les méduses à la chair exquise :

Un produit « basses calories »
Regardez-moi ça : quelle ligne!
Beaucoup d'eau et des protéines
Des Oméga 3 de folie!

La « soupe de neige » m'amuse!
Préférons-la, soyons donc fous
À la salade de méduses
Un peu trop connue à mon goût

Cette recette vous procure
Un magnifique effet neigeux
Elle joue avec les textures
Des deux constituants précieux

Méduses et châtaignes d'eau
S'interpénètrent et se répondent
En un délicieux écho
D'une saveur unique au monde

Elle vaut bien mieux, croyez-moi
Que cette soupe de plastique
Qu'on nous sert à tous les repas
Dans les gyres du Pacifique

Un tord-boyaux en tourbillon
Une vraie soupe à la grimace
Qui met la rate au court-bouillon
Amer consommé dégueulasse

SOUPE DE NEIGE

Indications thérapeutiques :
Combat l'hypertension artérielle, favorise le sommeil, calme les maux de tête,
élimine les engourdissements dans les membres

Ingrédients (pour 2 ou 3 assiettes)
Méduses déshydratées - 80 grammes (1/2 sachet)
Châtaignes d'eau - 10
Haricots « Mungo » - 40 grammes
Sucre roux de canne

1. Réhydrater les méduses puis rincer à plusieurs reprises pour éliminer le sel
2. Peler les châtaignes d'eau et les couper en tranches
3. Rincer les haricots « Mungo » puis placer tous les ingrédients dans un récipient
avec cinq tasses d'eau
4. Mettre à cuire jusqu'à ce que les haricots soient réduits en bouillie
5. Ajouter du sucre selon votre goût

C'est prêt, bon appétit !

Texte et dessins: Guillaume Edé

2e trimestre 2015
1re édition, dépôt légal : avril 2015
N° d'édition : 201528
ISBN : 978-2-84422-992-2